❹ 오싹오싹, 상어가 나타났어!

**글쓴이 주디 캐치크**
미국 뉴욕에 살고 있는 동화 작가이자 어린이 TV 프로그램 작가입니다. 「리틀 골든 북 *Little Golden Book*」 시리즈, 「가장 작은 애완동물 가게 *The Littlest Pet Shop*」 시리즈, 「신기한 스쿨버스 어드벤처」 시리즈 등 어린이를 위한 책을 쓰고 있습니다.

**그린이 아트풀 두들러스**
일러스트레이션 및 디자인 스튜디오입니다. 여러 아티스트가 모여 「과학탐험대 신기한 스쿨버스」 시리즈, 「신기한 스쿨버스 어드벤처」 시리즈 등 어린이를 위한 그림을 그리고 있습니다.

**옮긴이 이한음**
서울대학교에서 생물학을 공부했고, 현재 과학책을 쓰고 번역하고 있습니다. 지은 책으로는 『바스커빌 가의 개와 추리 좀 하는 친구들』, 『생명의 마법사 유전자』 등이 있고, 옮긴 책으로는 「자연 다큐 백과」 시리즈, 『경이로운 동물들』, 『빠르게 보는 우주의 역사』 등이 있습니다.

❹ 오싹오싹, 상어가 나타났어!

1판 1쇄 찍음 — 2023년 11월 28일, 1판 1쇄 펴냄 — 2023년 12월 12일
글쓴이 주디 캐치크 그린이 아트풀 두들러스 옮긴이 이한음 펴낸이 박상희 편집장 전지선 편집 송재형 디자인 정다울
펴낸곳 ㈜비룡소 출판등록 1994. 3. 17.(제16-849호) 주소 06027 서울시 강남구 도산대로1길 62 강남출판문화센터 4층
전화 02)515-2000 팩스 02)515-2007 홈페이지 www.bir.co.kr
제품명 어린이용 각양장 도서 제조자명 ㈜비룡소 제조국명 대한민국 사용연령 3세 이상

THE MAGIC SCHOOL BUS RIDES AGAIN: SINK OR SWIM

Copyright © 2018 Scholastic Inc. Based on the television series THE MAGIC SCHOOL BUS: RIDES AGAIN © 2017 MSB Productions, Inc. Based on The Magic School Bus book series © Joanna Cole and Bruce Degen.
SCHOLASTIC ™, THE MAGIC SCHOOL BUS ™ and associated logos are trademarks and/or registered trademarks of Scholastic Inc. All rights reserved.

Korean Translation Copyright © 2023 by BIR Publishing Co., Ltd.
This Korean translation edition is published by arrangement with Scholastic Inc., 557 Broadway, New York, NY 10012, USA through KCC(Korea Copyright Center Inc.), Seoul.

이 책의 한국어판 저작권은 ㈜한국저작권센터(KCC)를 통해 저작권사와 독점 계약한 ㈜비룡소에 있습니다.
저작권법에 의해 한국 내에서 보호를 받는 저작물이므로 무단 전재와 무단 복제를 금합니다.

ISBN 978-89-491-5464-0 74840/ ISBN 978-89-491-5460-2(세트)

# 신기한 스쿨버스

### ❹ 오싹오싹, 상어가 나타났어!

주디 캐치크 글 · 아트풀 두들러스 그림 | 이한음 옮김

비룡소

## 프리즐 선생님 반 친구들

조티

아널드

랠프

완다

키샤

도로시 앤

카를로스

팀

리즈

# 차 례

1장 눈 오는 날의 현장 학습     7

2장 작고 귀여운 물고기 친구     21

3장 지느러미를 달고 바다로!     29

4장 무시무시한 바다 생물의 정체     41

5장 베카를 위한 물고기 집     48

6장 우리에게 일어난 마법 같은 일     55

7장 작은 물고기들이 살아가는 법     68

8장 특급 미션, 완다를 구하라!     75

9장 '함께'라는 마법의 단어     82

10장 알로하, 반갑게 안녕!     94

    신기한 과학 개념 사전     104

    호기심 해결! 질문 톡톡     106

# 1장
# 눈 오는 날의 현장 학습

워커빌 초등학교에 눈이 내렸어요. 그건 한바탕 눈싸움을 할 수 있다는 뜻이었지요.

"공격!"

조티가 외쳤어요. 조티의 최첨단 눈덩이 기계에서 눈덩이가 계속 튀어나왔어요.

"항복, 항복!"

랠프가 눈밭에 푹 엎어지면서 외쳤어요.

아널드는 어깨를 웅크리고 서서 중얼거렸어요.

"봄이 되려면 900시간 6분 6초 남았네."

프리즐 선생님 반 다른 아이들은 눈 덮인 운동장에서 신나게 놀고 있었어요. 하지만 아널드에게 눈이란 이를 딱딱거리게 하고, 엄청나게 춥고, 양말이 축축하게 젖는 것을 의미할 뿐이었어요. 그래서 봄이 오기까지 남

은 시간만 세고 있었지요.

"이제 900시간……."

시간을 세는 일에 몰두하다 보니, 아널드는 작은 초록색 도마뱀이 학교 지붕 위로 기어 올라가는 것을 보지 못했어요. 프리즐 선생님 반의 귀염둥이 리즈였지요!

"5초……."

아널드는 한숨을 푸욱 내쉬었어요.

그때 리즈가 배를 바닥에 붙이고는 눈을 타고 지붕에서 미끄러졌어요. 그 바람에 눈 무더기가 아널드의 머리 위로 쏟아졌어요. 아널드는 눈사람처럼 보였어요.

"으으으으!"

아널드가 투덜거렸어요.

바로 그때 종이 울렸어요. 아이들은 후다닥 교실로 들어갔어요. 아널드는 얼어붙은 로봇처럼 느릿느릿 움직이며 친구들의 뒤를 따라갔지요.

"아널드, 너 왜 그래?"

완다가 물었어요.

"눈 폭탄을 맞았어. 속옷까지 다 젖은 것 같아."

아널드가 이를 덜덜 떨며 말했지요.

"넌 겨울이 싫어?"

완다가 물었어요.

"싫어. 종이에 손이 베이는 것보다는 낫지만, 구린내 풍기는 곰팡이 난 치즈만큼 겨울이 싫다고!"

아널드가 대답하자 완다가 말했어요.

"아널드, 그러지 말고 프리즐 선생님 말씀대로 해 봐. 피할 수 없다면 즐기라고 하셨잖아. 그런 의미에서 난 오늘 현장 학습을 최대한 즐길 거야!"

피오나 프리즐 선생님 수업 시간에는 언제나 놀랍고 신기한 일이 가득해요. 프리즐 선생님은 신기한 스쿨 버스를 몰며 아이들을 놀라운 과학 현장 학습으로 안내했지요.

신기한 스쿨버스는 화산 내부든 우주든 어디든지 갈 수 있어요. 그런데 오늘 현장 학습은 평소와 조금 다를 것 같았어요.

"프리즐 선생님이 현장 학습 장소를 우리더러 정하라고 하시다니, 믿을 수가 없어!"

키샤가 들뜬 표정으로 말했어요.

"지난번 현장 학습 때 우리 모두 하마터면 잡아먹힐 뻔했잖아. 그게 미안하셨대."

카를로스가 말했어요.

"어느 현장 학습?"

아이들이 한목소리로 물었어요. 프리즐 선생님과 떠나는 현장 학습에서는 종종 일어나는 일이니까요.

"아무튼, 나는 우리가 갈 만한 곳을 늘 생각해 두고 있었어."

완다는 이렇게 말하면서 책가방에서 두꺼운 스크랩북을 꺼냈어요. 그리고 책상에 턱 하고 올려놓았지요.

"우아, 이 스크랩북은 네가 구조해야 하는 것들을 모아 놓은 거야?"

랠프의 말에 완다가 대꾸했어요.

"'것들'이 아니라 '종'이야!"

"서로 가까운 친척인 생물의 무리를 **종**이라고 해."

도로시 앤이 설명해 주었어요. 도로시 앤은 연구를 아주 잘하고, 조사해서 알아낸 사실과 정보를 친구들에게 알려 주는 걸 좋아하지요.

완다가 스크랩북을 넘겨서 어느 한 페이지를 가리키

며 말했어요.

"내가 가고 싶은 곳은 여기야. 얼어붙은 북극 지방으로 가서 **멸종** 위기에 있는 알류샨 관중을 구하는 거야!"

"관중이 뭐야?"

키샤가 눈썹을 찡그리며 물었어요.

"북극이라니, 말만 들어도 추위!"

아널드가 외쳤어요.

"완다, 진심이야? 어디든 갈 수 있는데 굳이 그렇게 추운 곳으로 현장 학습을 가고 싶어?"

랠프도 거들었지요.

그러자 키샤가 말했어요.

"작은 생물까지 죽지 않게 도우려는 네 마음은 알겠는데, 그 전에 우리가 매서운 북극 추위에 얼어 죽지 않을 방법부터 찾아야 할 거야. 차라리……."

키샤가 말을 채 끝내기도 전에 어디선가 목소리가 들려왔어요.

"하와이는 어때요?"

아이들은 일제히 뒤를 돌아보고는 외쳤어요.

"프리즐 선생님!"

프리즐 선생님은 훌라 댄스를 추면서 교실로 들어왔어요. 도마뱀 리즈는 우쿨렐레를 연주했지요. 프리즐

선생님은 화려한 꽃목걸이를 아이들의 목에 걸어 주며 말했어요.

"여러분의 결정에 영향을 미치려는 건 아니에요. 하

지만 이번 한 번은 열대 지방으로 휴가를 가는 것처럼 현장 학습을 떠나 보는 게 어떨까요?"

아이들은 환호성을 질렀어요. 다들 따뜻한 곳에서

휴가를 보내고 싶었거든요. 딱 한 사람, 완다만 빼고요.

"그럼 불쌍한 알류샨 관중은 어떡해요?"

완다가 사진을 들어 보이며 물었지만, 아무도 완다의 말을 듣지 못했어요. 아이들은 파도를 타고, 코코넛 음료를 마실 생각에 들떠서 왁자지껄 수다를 떨고 있었거든요.

'뭐, 장소는 상관없어. 열대 지방에서 휴가를 즐기면서도 무언가를 구할 수 있을 거야. 더 고민해 보자!'

완다는 생각했어요.

## 2장
## 작고 귀여운 물고기 친구

"여러분, 선글라스와 선크림 잘 챙겼죠?"

프리즐 선생님은 신기한 스쿨버스에 오르며 아이들에게 물었어요.

"버스야, 너도 준비됐지?"

신기한 스쿨버스는 정말 특별해요. 프리즐 선생님이 원하는 어떤 모습으로든 변신할 수 있으니까요. 핑글핑글 회전 기계, 마음대로 줄었다 커졌다 할 수 있는 신기한 스쿨 빔, 최신 정보 검색기, 거기에 멋진 새 햇빛 가리개까지 두루 갖추고 있었어요.

아이들은 재빨리 신기한 스쿨버스에 올랐어요. 이번만은 현장 학습을 떠날 준비가 미리 되어 있었지요.

"버스야, 출발하자!"

프리즐 선생님이 외치자, 스쿨버스는 핑그르르 돌더니 휙 하고 사라졌어요. 그리고 태평양 한가운데에 있는 하와이 제도의 니호아섬에 짠 하고 나타났어요.

"여러분, 명심하세요. 이것도 수업의 일부랍니다. 이곳에서 배울 건 세 가지예요. 휴식, 여유, 그리고 파도타기죠!"

아이들은 바다로 달려갔어요. 조티는 프로펠러로 움직이는 서프보드를 탔어요. 도로시 앤은 고무보트에서 쉬었고, 아널드는 양팔에 튜브를 끼고 헤엄쳤지요.

완다는 물안경과 잠수용 호흡관을 끼고 얕은 바닷속을 탐험하며 바다 생물들을 살펴보았어요. 바로 그때

노란색 몸에 파란색 줄무늬가 있는 작은 물고기 한 마리가 완다 주위를 맴돌았어요.

"어머, 정말 작고 귀여운 물고기네!"

완다는 그렇게 말하면서 궁금해했어요.

'그런데 혼자 여기서 뭐 하고 있는 거지?'

완다는 물 밖으로 고개를 내밀고 잠수용 호흡관에 달린 버튼을 누른 뒤 도로시 앤을 불렀어요. 도로시 앤은 어떤 질문에도 답할 수 있는 아이니까요.

"도로시 앤, 내 주변에 노란색 몸에 파란색 줄무늬가 있는 작은 물고기가 있어. 사진을 보낼 테니까 어떤 물고기인지 알려 줄래?"

완다는 물속으로 들어간 뒤 잠수용 호흡관의 다른 버튼을 눌렀어요. 그러자 물고기 사진이 도로시 앤의 태블릿으로 전송되었어요.

"내 조사에 따르면, 이 물고기는 통돔**과** 통돔**속**에 속하는 '네줄물통돔'이야."

도로시 앤이 알려 주었어요.

"고마워, 도로시 앤!"

완다는 감사 인사를 하고 바닷속으로 들어갔어요. 그러자 물고기가 완다에게 다가왔어요.

"네줄물통돔아, 너 정말 귀엽다!"

완다가 물고기에게 말했어요.

"앞으로 너를 베카라고 부를게!"

베카가 완다의 발가락을 장난스럽게 콕콕 찔렀어요.
"히히, 간지러워!"
완다가 낄낄거렸어요.
"이토록 넓은 바다에서, 어떻게 이렇게 조그마한 물고기가 살아남을 수 있는 걸까?"

그러자 완다에게 답을 해 줄 사람이 푸 소리를 내며 물속에서 튀어나왔어요. 바로 프리즐 선생님이었어요!
"완다, 아주 좋은 질문이야! 잘 생각해 보렴. 뭔가 떠

오르는 것이 있니?"

"흠, 베카를 해칠 위험한 동물이 주변에 없어서 그런 거 아닐까요? 그래서……."

바로 그때, 저 멀리서 카를로스가 소리쳤어요.

"사, 사, 상어다!"

'상어라니! 베카 주변에 위험한 동물이 있나 봐!'

완다는 생각했어요.

"방금 한 말은 취소할게요!"

완다는 그렇게 말하고는 해변 쪽으로 헤엄쳤어요. 그리고 뒤를 돌아보며 외쳤어요.

"베카, 바짝 따라와!"

완다는 오늘 어떤 생물을 도와줄지 결정했어요. 바로 베카였지요!

## 3장
# 지느러미를 달고 바다로!

완다와 프리즐 선생님은 서둘러 해변으로 나왔어요. 카를로스와 다른 아이들은 모래사장에서 도로시 앤의 태블릿 화면을 보고 있었어요.

"카를로스, 진짜 상어를 봤어?"

완다가 물었어요.

"응. 태블릿에서 봤지."

카를로스가 대답했어요.

"완다, 이것 봐. 이 섬엔 멋진 동물들이 아주 많아!"

키샤가 태블릿을 가리키며 말했어요.

"상어처럼 말이야!"

카를로스가 덧붙였지요.

"후유, 네가 소리치는 거 들었어."

달려 나오느라 아직 숨이 찬 완다가 헐떡거리며 말했어요.

"와, 정말 멋진걸! 직접 만나 보고 싶다!"

프리즐 선생님이 외쳤어요.

"상어를 보러 갈 수 있을까요? 저도 따라갈래요!"

카를로스가 신이 나서 물었어요.

"저도 갈래요. 베카 주위에 뭐가 있는지 알아봐야겠어요."

완다의 말에 아이들이 일제히 완다를 쳐다보았어요.

'엥, 베카가 누구야?'

"여러분, 이곳 주민들이 하는 방식으로 상어를 찾아볼까요?"

프리즐 선생님이 말했어요.

"주민들이라면, 이곳 하와이에 사는 사람들을 말하는 거예요?"

도로시 앤이 신기한 스쿨버스에 올라타며 물었어요.

"아니, 사람 말고 바다 생물을 말한 거란다. 버스야,

출발하자!"

프리즐 선생님이 외쳤어요.

신기한 스쿨버스는 어느새 잠수함으로 변신했어요. 풍덩!

프리즐 선생님은 운전석에 앉아 스쿨 잠수함을 바닷속으로 몰았어요. 선생님은 계기판을 살펴보았어요. 기린 버튼, 공룡 버튼, 물고기 버튼 등 버튼이 아주 많았지요.

프리즐 선생님이 물고기 버튼을 눌렀어요. 그러자 금붕어 모양 과자가 선생님의 머리 위로 쏟아졌어요!

"아이코, 잘못 눌렀네!"

프리즐 선생님은 이렇게 말하면서 서둘러 다른 버튼을 눌렀어요. 그러자 아이들이 신기한 스쿨 잠수함 밖으로 하나둘 튕겨 나갔어요. 각자 물고기 모양의 작은 잠수정을 탄 채로요!

"우아, 내 물고기 잠수정 좀 봐!"

카를로스가 빙빙 돌며 외쳤어요.

"이 잠수정은 어떻게 조종하는 거예요?"

아널드가 물었어요. 그러자 프리즐 선생님이 마이크를 켜고 대답했어요.

"언니가 항상 하던 말이 생각나는군요. 기회를 잡아라, 실수해도 괜찮다, 그리고……."

"엉망이 되면 어때!"

아이들이 한목소리로 외쳤어요.

"기회를 잡으라고? 그건 아무 버튼이나 눌러도 된다는 뜻이겠지?"

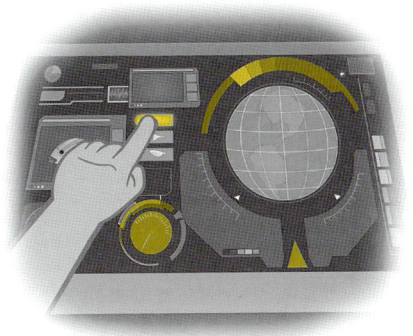

완다가 빙긋 웃으며 버튼 하나를 눌러 보았어요.

**"등지느러미**를 작동합니다."

물고기 잠수정에서 기계 목소리가 흘러나왔어요. 그러자 잠수정 위쪽에서 등지느러미가 쑥 튀어나왔어요. 등지느러미는 잠수정이 흔들리는 것을 막아 주었어요.

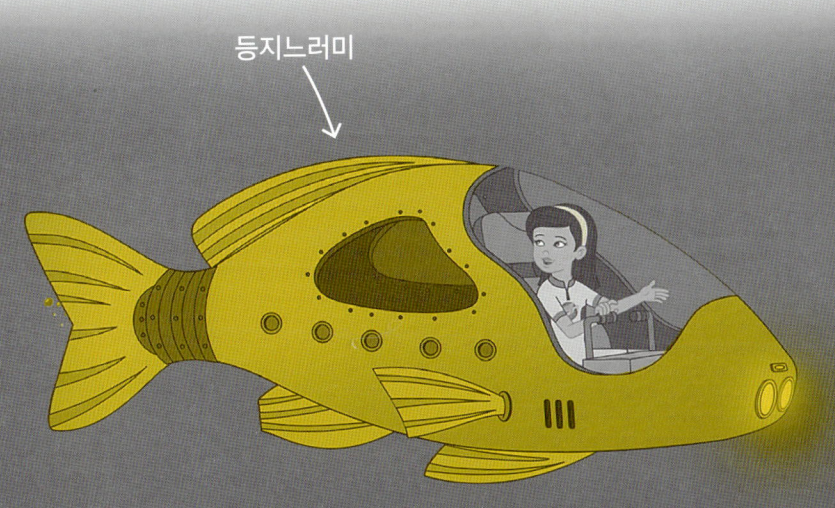

등지느러미

"애들아, 버튼을 눌러서 등지느러미를 펴. 그럼 옆으로 흔들리지 않아!"

완다는 마이크에 대고 친구들에게 말했어요.

"고마워. 하마터면 토할 뻔했어."

팀이 물고기 잠수정의 균형을 잡으며 말했어요.

이번에는 랠프가 다른 버튼을 눌렀어요.

"**꼬리지느러미**를 작동합니다."

꼬리지느러미

물고기 잠수정에서 또다시 기계 목소리가 흘러나왔어요. 랠프는 물고기 잠수정 꽁무니에 새로 난 꼬리지느러미의 도움을 받아서 앞으로 휙 나아갔어요.

"와, 꼬리지느러미를 이용하면 앞으로 나아갈 수 있어. 게다가 엄청 빨라!"

랠프가 마이크에 대고 말했어요.

"어어, 그런데 너무 빠른 것 같은데?"

랠프의 물고기 잠수정이 도로시 앤이 있는 쪽으로 빠르게 나아갔어요! 도로시 앤은 서둘러 다른 버튼을 눌렀어요.

"**가슴지느러미**를 작동합니다."

그러자 기계 목소리와 함께 잠수정 양옆으로 가슴지느러미가 쑥 튀어나왔어요.

"가슴지느러미는 방향을 바꾸는 역할을 해!"

도로시 앤이 친구들에게 알려 주었어요.

가슴지느러미

가슴지느러미

"여러분, 이제 정말 헤엄치는 것처럼 보이는군요!"

프리즐 선생님이 빙긋 웃었어요.

"야호, 난 물고기처럼 헤엄칠 수 있어!"

조티가 환호성을 질렀어요.

"인어 같기도 해!"

키샤도 한마디 했어요.

"정말 놀라운 일이야. 나도 이제 베카처럼 움직일 수

있어! 어머, 너 거기 있었구나? 기다려, 베카!"

완다가 건너편에 있는 작은 물고기를 불렀어요.

완다가 베카 쪽으로 가려는 순간, 랠프가 헉하고 숨을 삼켰어요.

"얘들아, 저길 봐!"

으스스하고 거대한 검은 얼룩이 아이들을 향해 다가오고 있었어요.

"저, 저게 뭐야? 대왕오징어인가?"

키샤가 물었어요.

"범고래 아냐?"

카를로스가 추측했지요.

"뭔지는 몰라도 우리 쪽으로 오고 있어!"

완다가 소리쳤어요.

"으아아아악!"

거대한 검은 얼룩이 점점 가까이 다가오자 아이들은 비명을 질렀어요.

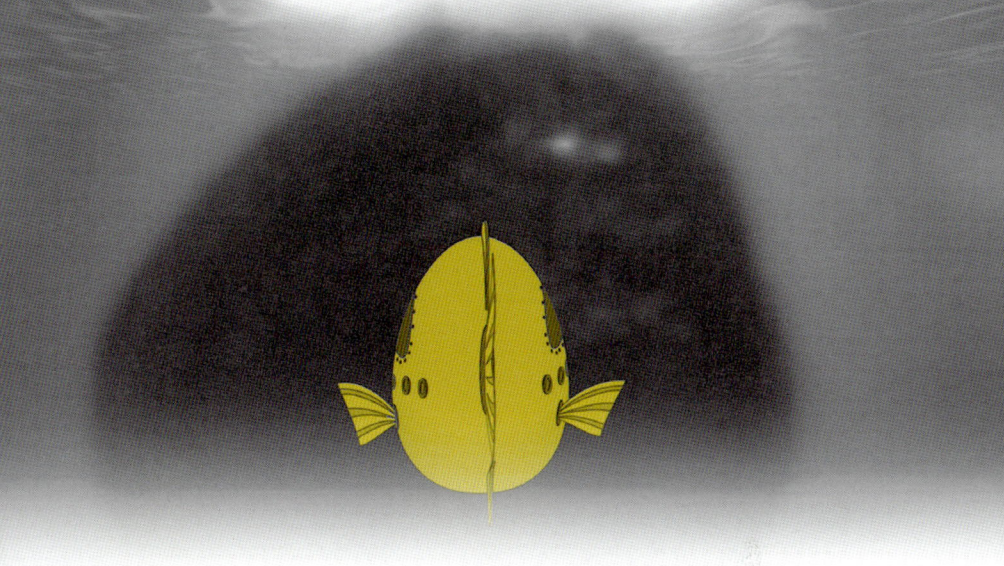

# 4장
# 무시무시한 바다 생물의 정체

"모두 도망쳐! 아니, 헤엄쳐!"

랠프는 꽥 소리를 지르고는 물고기 잠수정의 방향을 돌렸어요.

다른 아이들도 버튼을 눌러 최대한 재빨리 검은 얼룩을 피해 도망치려 했어요. 하지만 한 사람만은 그 자리에 그대로 있었어요.

"내 말 잘 들어. 이 크고 무시무시한 바다 생물아!"

완다는 앞 유리를 통해, 자신에게 다가오는 거대한 존재를 바라보며 외쳤어요.

"넌 절대 나와 베카를 갈라놓을 수 없어!"

검은 얼룩은 완다를 향해 점점 더 다가오고 있었어요. 완다는 눈을 질끈 감고 숨을 삼켰어요.

완다가 감았던 눈을 뜨자, 검은 얼룩은 모양이 바뀌어 있었어요! 완다는 무사했고, 검은 얼룩 한가운데 나 있는 거대한 터널 안에 들어와 있었지요.

거대한 검은 얼룩은 무시무시한 대왕오징어도, 범고래도 아니었어요. 심지어 크지도 않았어요!

"말도 안 돼, 이건……."

완다의 눈이 커다래졌어요.

"물고기 떼야!"

다른 아이들이 소리 높여 외쳤지요.

"엄청나게 많은 물고기가 무리 지어 다니고 있어!"

도로시 앤이 말했어요.

프리즐 선생님이 마이크에 대고 말했어요.

"맞아, 도로시 앤. 이 물고기 떼는 물속에서 멋지게 움직이는 연습을 하고 있는 것 같구나."

"이렇게 작은 물고기들 때문에 놀라서 달아났던 거야? 맙소사!"

랠프가 낄낄거리자 키샤가 대꾸했어요.

"그래, 랠프. 네가 얼마나 용감한지 잊고 있었어. 그럼 이번엔 저 녀석을 용감하게 상대해 볼래?"

깊고 컴컴한 바닷속에서 검은 그림자가 올라오자 아이들은 모두 얼어붙었어요.

"으아아악!"

랠프가 비명을 질렀어요.

"상어다!"

아이들이 한목소리로 외쳤어요.

도로시 앤은 헉하고 놀란 와중에도 재빨리 태블릿으로 정보를 찾았어요.

"내 조사에 따르면 저건 '흑기흉상어'야. 흉상어**과** 흉상어**속**에 속해."

상어는 나타나자마자 암초 사이로 사라졌어요.

"휴, 다행이다. 다른 물고기를 쫓아갔나 봐."

카를로스가 숨을 돌렸어요.

"하마터면 큰일 날 뻔했어. 얼른 여기서 나가자."

랠프가 아이들을 보며 말했지요.

"여러분, 꼬리지느러미를 힘차게 흔들어요!"

프리즐 선생님이 외쳤어요.

아이들은 신기한 스쿨 잠수함 쪽으로 헤엄쳤어요. 완다만 빼고요. 완다는 온통 베카 걱정뿐이었어요.

"얘들아, 잠깐만! 베카를 두고 갈 수는 없어. 상어가 나타나면 어떡해? 얘들아? 얘들아!"

완다가 친구들을 불렀어요. 하지만 아이들은 이미 신기한 스쿨 잠수함으로 들어간 뒤였지요. 완다는 한숨을 쉬며 스쿨 잠수함으로 향했어요.

## 5장
## 베카를 위한 물고기 집

해변으로 돌아온 뒤, 완다는 친구들에게 베카에 대해 이야기했어요. 새로 사귄 물고기 친구를 왜 걱정하는지도 설명해 주었어요.

"흥미로운 질문이야. 어떻게 그렇게 작은 물고기가 거대한 **천적**으로부터 살아남을 수 있는 걸까?"

조티가 물었어요.

"그냥 거대하기만 한 게 아니야. 엄청나게 크고, 날

카롭고, 무시무시한 이빨을 빠득거리잖아."

완다가 이를 딱딱 부딪치면서 말했어요.

그때 카를로스가 외쳤어요.

"와, 이거 봐! 상어 이빨 같지 않아?"

"너무너무 크다!"

완다가 말했어요.

"내 조사에 따르면, 상어는 평균 300개의 이빨을 가지고 있대."

도로시 앤이 태블릿을 보며 설명했어요.

"이빨이 300개나 된다고?"

완다는 베카가 더욱 걱정되었어요.

"그래. 어떤 물고기들은 거대한 천적을 피해 산호초에 몸을 숨긴다고 해. 작은 물고기들에게 산호초는 튼튼한 문이 달린 안전한 집인 셈이야. 큰 바다 생물은 못 들어갈 테니까."

'문이 달린 안전한 집이라고? 바로 그거야!'

완다가 싱긋 웃었어요.

"조티, 베카가 숨을 수 있는 아주아주 안전하고 편안한 최첨단 물고기 집이 필요해. 너는 뭐든지 잘 만들잖아. 이것도 만들어 줄 수 있어?"

완다의 질문에 조티가 대답했어요.

"흠, 쉽지 않겠는걸? 첨단 기술로 소금물에도 견딜

수 있는 집을 지어야 하니까."

"만들 수 있겠어?"

완다가 다시 물었어요. 그러자 조티가 한쪽 눈을 찡긋했어요.

"색깔은 뭘로 할까?"

완다가 기뻐했어요.

조티는 최첨단 물고기 집을 지을 전선, 전자 기기, 산호 조각, 조개껍데기 등 재료와 도구를 한가득 모았어요.

조티는 금세 최첨단 물고기 집을 완성했어요.

"짜잔! 첨단 기술로 만든 물고기 집이야. 보안 장치와 비상벨, 동영상 카메라까지 갖추었어. 네 태블릿과 연결되어 있어서 언제든 실시간으로 관찰할 수 있어."

조티가 설명했어요.

조티가 만든 것은 단순한 물고기 집이 아니었어요. 물고기 대저택이었지요!

"꺄, 완벽해!"

완다가 환호성을 질렀어요.

"커다란 이빨을 으드득거리는 무시무시한 상어가 베카 가까이에 오면 내가 바로 알 수 있어!"

완다는 바다로 헤엄쳐 들어가 물고기 집을 설치했어요. 그러자 베카가 집으로 쏙 들어갔어요.

"만세! 베카가 새집이 마음에 드나 봐!"

완다가 환호했어요.

그런데 안으로 들어가자마자 베카가 곧바로 다시 튀어나왔어요.

"어? 베카, 어디 가는 거야?"

베카는 다시 먼바다로 돌아갔어요.

'저기에는 상어가 돌아다니는데……. 이건 아니야. 이건 정말 좋지 않은 상황이야!'

완다는 가슴이 철렁했어요.

## 6장
## 우리에게 일어난 마법 같은 일

완다는 친구들이 있는 곳으로 향했어요.

"애들아, 저쪽에는 크고 깊은 바다가 있어. 그런데 베카는 작은 물고기에 불과해. 베카는 왜 우리가 만든 안전한 물고기 집에 머물지 않는지 모르겠어. 우리가 베카를 찾아야 해. 베카에게는 우리 도움이 필요해. 누가 나랑 같이 갈래?"

완다는 친구들이 손을 번쩍 들어 주기를 기다렸어요.

그런데 완다의 말을 들은 아이는 아무도 없었어요. 아이들은 도마뱀 리즈가 림보를 하는 모습을 보고 있었거든요.

"베카에겐 우리 도움이 필요해!"

완다가 다시 말했어요. 하지만 아이들은 휴양지 음악에 맞춰 춤을 추면서, 리즈가 가로놓인 막대 밑을 아슬아슬하게 지나가는 것을 바라보았어요.

"걱정 마. 베카는 괜찮을 거야."

키샤가 말했어요.

"새집으로 돌아올 수도 있잖아."

"바다엔 필요할 때 숨을 산호초도 잔뜩 있는걸."

조티와 도로시 앤도 말을 보탰어요.

"완다, 너도 코코넛 음료 좀 마셔. 지금은 재밌게 놀 시간이야!"

랠프가 말했어요.

"그리고 지금은 선크림을 다시 바를 시간이야."

아널드가 삑삑 알람 소리가 나는 손목시계를 가리키며 말했어요.

완다는 재미있게 놀려고 애썼어요. 귀염둥이 도마뱀 리즈가 림보 경기에서 꼬리 하나 차이로 통과했을 때는 함께 환호성을 지르기도 했지요. 하지만 머릿속에선 베카 생각이 떠나지 않았어요.

"나 혼자서라도 베카를 찾아봐야겠어."

완다는 그렇게 말하면서 바다 쪽으로 걸어갔어요.

"그게 아니면……."

완다는 방향을 바꿔 프리즐 선생님에게 갔어요.

"선생님, 베카 찾는 걸 도와주실 수 있나요?"

프리즐 선생님이 고개를 끄덕였어요.

"물론이지. 같이 방법을 찾아보자꾸나."

완다가 미소를 지었어요.

"리즈, 아이들을 잘 지켜보렴. 우리는 물고기를 찾으러 가 볼게."

프리즐 선생님이 말했어요.

완다와 프리즐 선생님은 서둘러 신기한 스쿨버스에 올라탔어요. 버스는 해안선까지 달려간 뒤, 신기한 스쿨 잠수함으로 변신해 물속으로 풍덩 뛰어들었어요.

완다는 스쿨 잠수함 창밖을 살펴보았어요. 바닷속에는 물고기가 너무나 많았어요. 여기서 과연 베카를 찾을 수 있을까요?

바로 그때 완다는 노란색 몸에 파란색 줄무늬가 있는 작은 물고기 한 마리가, 바위 근처에서 쏜살같이 헤엄치는 것을 보았어요. 베카였지요!

"저기 있어요, 프리즐 선생님!"

완다가 소리쳤어요. 그리고는 재빨리 자신의 물고기 잠수정에 올라탔어요.

"걱정 마, 베카. 내가 갈게!"

완다는 곧장 베카 쪽으로 잠수정을 몰았어요.

"보고 싶었어. 이 꼬마 물고기 친구야!"

베카는 바닷말 근처를 뱅뱅 맴돌았어요. 그러다가 다시 헤엄쳐 멀리 가 버렸어요!

"베카, 기다려!"

완다는 소리치며 베카를 뒤쫓았어요.

완다가 막 따라잡으려는 순간, 베카는 방향을 휙 틀어 달아나 버렸어요.

'베카는 따라가기가 힘든 물고기야. 다음에 어디로 갈지 도무지 짐작할 수가 없다니까.'

완다가 그렇게 생각하던 그때, 계기판에서 파란색 버튼이 깜빡거리기 시작했어요.

'저게 뭐지?'

완다는 궁금했어요. 무슨 버튼인지 알아볼 방법은 하나뿐이었지요. 완다는 버튼을 탁 눌렀어요.

"수심 감지기가 작동되었습니다."

기계 목소리가 흘러나왔어요.

'수심 뭐라고?'

완다가 어리둥절하고 있을 때 물고기 잠수정 안에서 풍선이 하나 부풀어 올랐어요.

완다는 잠수정이 갑자기 아래로 확 떨어지자 조종간

을 꽉 쥐었어요. 물고기 잠수정이 조금씩 위로 올라가다가 저절로 멈추었어요.

"헤엄치기 좋은 최적의 수심에 다다랐습니다."

다시 기계 목소리가 흘러나왔어요.

"우아, 이 풍선 같은 걸로 수심을 조절하나 봐!"

완다가 외쳤어요.

완다는 계기판 화면을 보았어요. 화면에서 잠수정의 양쪽 옆면에 난 줄무늬가 빛나고 있었어요. 아가미에

서 꼬리까지요!

"잠수정에 난 줄무늬가 물속에서 뭔가에 반응하는 것 같아. 어떨 때일까?"

완다가 중얼거렸어요.

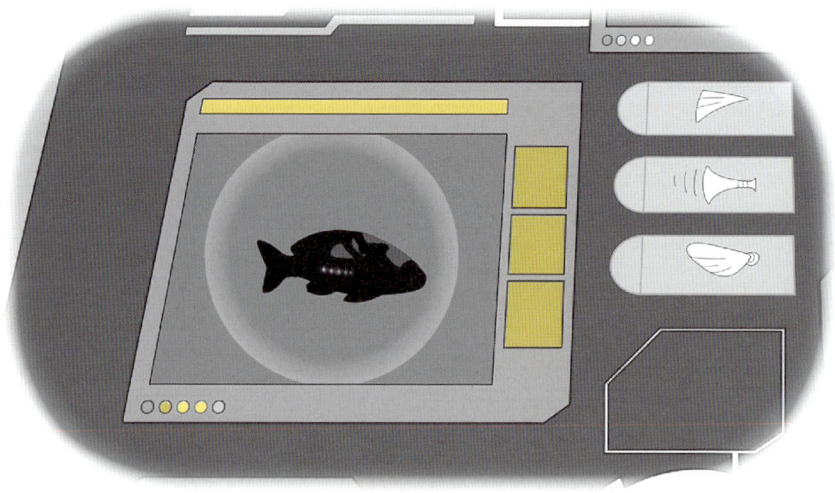

그때 잠수정에서 또다시 기계 목소리가 나왔어요.

"낯익은 물고기가 다가오고 있습니다."

그 물고기는 바로 베카였어요. 베카는 완다의 물고기 잠수정 옆에서 헤엄치고 있었지요.

"아하, 줄무늬가 왜 빛났는지 알겠어. 안녕, 베카!"

완다가 베카에게 인사를 건네자 기계 목소리가 흘러나왔어요.

"물고기와 연결되었습니다."

완다의 잠수정이 베카와 함께 위아래로 움직이기 시작했어요. 베카가 어디로 가든 완다도 똑같이 따라갔어요. 완다와 베카가 완벽하게 연결된 거예요!

완다가 잠수정에 있는 마이크로 선생님을 불렀어요.

"프리즐 선생님, 제 잠수정과 베카가 연결된 건가요? 잠수정 옆 줄무늬와 베카 옆구리에 있는 줄무늬가 그런 일을 하는 거예요?"

"맞아. 너희는 서로 연결되어서 완벽한 수중 발레를 하고 있는 거야!"

프리즐 선생님이 대답했어요.

완다는 너무 흥분한 나머지, 깊은 바다에서 서서히 올라오는 거대한 검은 그림자를 보지 못할 뻔했어요.

"이번에도 그냥 물고기 떼일 거야."

완다가 중얼거렸어요.

하지만 검은 그림자가 가까이 다가오자 완다는 알아차렸어요. 작은 물고기들이 떼 지어 다니는 것이 아니었어요. 그건 바로…….

"으아아악, 상어다!"

완다가 소리쳤어요.

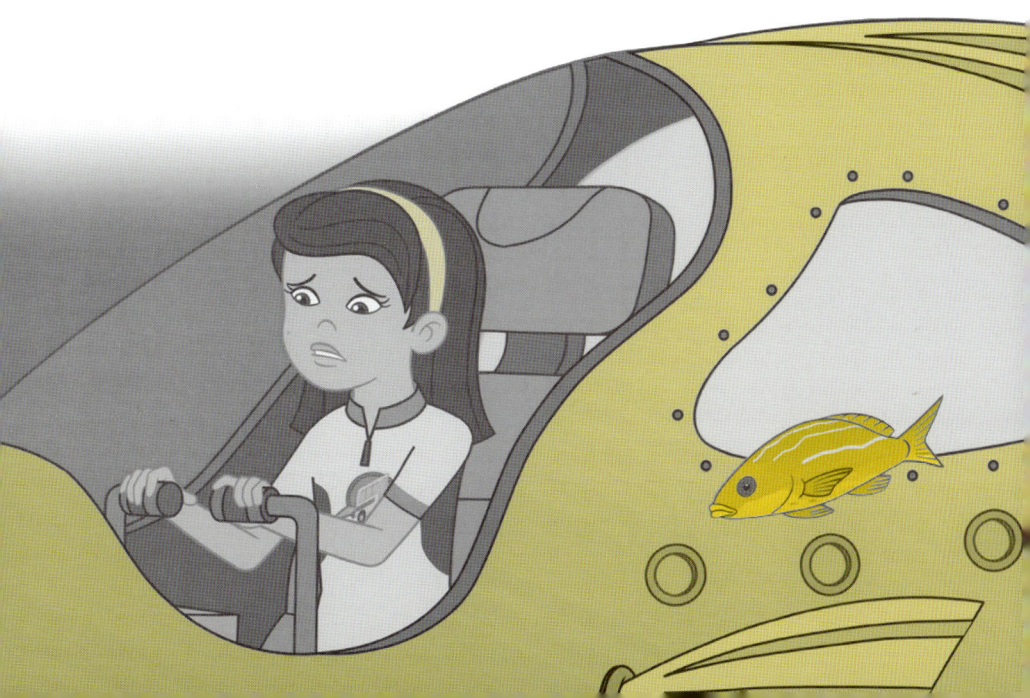

# 7장
# 작은 물고기들이 살아가는 법

"완다, 괜찮니? 무슨 일이야?"

물고기 잠수정 스피커에서 프리즐 선생님의 목소리가 들렸어요.

"괜찮아요. 저 혼자 해결할 수 있어요. 상어의 관심을 딴 데로 돌린 다음에, 베카가 도망가면 저도 숨을 거예요."

완다가 말했어요.

"알았어. 조심하렴!"

프리즐 선생님이 대답했어요.

완다는 조종간을 홱 밀어서 물고기 잠수정을 앞으로 나아가게 했어요. 그러자 베카도 앞으로 나아갔어요. 완다와 똑같은 방향으로요.

"안 돼, 베카. 넌 다른 데로 가야지!"

하지만 베카는 자꾸 완다의 잠수정을 따라왔어요.

"베카, 도망쳐!"

그 순간 완다는 아차 하며 뭐가 문제인지 알아차렸어요. 잠수정의 줄무늬와 베카가 여전히 연결되어 있었던 거예요!

완다는 계기판에서 깜빡거리는 파란색 버튼을 다시 눌렀어요. 그러자 잠수정의 수심 감지기가 작동을 멈추었어요. 잠수정 옆에 난 줄무늬 불빛도 꺼졌지요.

"물고기와 연결이 해제되었습니다."

기계 목소리가 나오자마자 완다가 외쳤어요.

"이제 됐어. 베카, 얼른 도망쳐!"

베카가 떠나자 완다는 숨을 곳을 찾아서 바위 밑으로 향했어요. 완다는 상어가 자신의 잠수정을 따라올 거라고 생각했지만 상어는 그러지 않았어요. 상어는 베카 뒤를 바짝 쫓고 있었지요!

"이런, 안 돼!"

완다가 소리쳤어요.

바로 그때, 어마어마한 네줄물퉁돔 떼가 나타났어요. 모두 베카와 똑 닮아 보였어요.

"베카 친구들이 분명해. 모여 있으니까 엄청나게 큰 물고기 같아!"

완다가 말했어요.

반짝이는 거대한 공처럼 뭉쳐 있던 물고기 떼가 둘로 나누어졌어요.

그러자 상어는 무척 혼란스러워했어요. 한쪽 무리를 뒤쫓다가, 다시 다른 쪽 무리를 뒤쫓으며 오락가락했지요.

"좋았어! 어느 쪽을 쫓아가야 하는지 헷갈려 하는구나."

완다가 웃음을 터뜨렸어요.

상어가 한쪽 무리의 한가운데로 쑥 들어가면, 물고기들은 뿔뿔이 흩어져서 피했어요.

"점심거리는 다른 데서 찾으라고!"
완다가 소리쳤어요.

하지만 상어는 입을 쩍 벌리며 다시 사냥을 시도했어요. 이번에는 완다를 향해 달려들었어요!

## 8장
# 특급 미션, 완다를 구하라!

프리즐 선생님은 완다에게 도움이 필요하다고 생각했어요. 그래서 태블릿으로 반 아이들을 불렀어요.
"여러분, 잘 들어요. 물고기 떼와 만날 시간이에요."
"물고기 떼요? 물고기 구경은 다한 줄 알았는데요?"
랠프가 말했어요.
그때 도로시 앤의 태블릿에 동영상이 떴어요. 상어가 완다의 물고기 잠수정을 향해 다가가고 있었지요.

키샤는 단 1초의 망설임도 없이 바다로 달려가면서 외쳤어요.

"완다를 도와야 해! 얘들아, 빨리 가자!"

"진짜 상어를 만난 거야? 멋진걸!"

카를로스가 말했어요.

"하지만 완다가 상어한테 잡아먹히기 직전이야!"

조티가 말했어요.

"그건 멋지지 않네."

카를로스가 한숨을 쉬었어요.

"오늘은 평소와 달라. 집에 있었으면 하고 바랄 때가 아니야!"

아널드가 신기한 스쿨버스를 향해 달리면서 리즈에게 말했어요.

"완다에겐 우리 도움이 필요해!"

"완다 구출 작전 개시! 이곳 바다 생물들이 하는 방식대로 하죠!"

프리즐 선생님이 외쳤어요.

신기한 스쿨버스는 신기한 스쿨 잠수함으로 변해 아이들을 바닷속으로 데려갔어요. 스쿨 잠수함은 아이들이 탄 물고기 잠수정을 뱉어 냈어요. 아이들은 바다 곳곳을 살펴보았지만 완다는 어디에도 없었어요. 아이들

은 완다를 찾고 또 찾았어요.

그때, 카를로스가 바위 밑에 숨어 있는 완다의 물고기 잠수정을 발견했어요.

"완다!"

카를로스가 완다를 불렀어요.

완다도 카를로스를 발견했어요. 카를로스의 물고기 잠수정이 완다를 향해 다가갔어요. 키샤, 팀, 조티, 도

로시 앤, 랠프, 아널드의 잠수정도 완다를 향했지요.

"완다, 괜찮아?"

키샤가 물었어요.

"어떻게 온 거야? 너희들은 바빠서 베카를 도와줄 수 없을 거라고 생각했어."

완다가 대답했어요.

"우리가 널 얼마나 걱정했다고."

팀이 말했어요.

"완다, 널 위해 여기까지 왔어. 우리 도움이 필요하지 않아?"

도로시 앤이 물었어요.

"물론이야. 너희 도움이 정말 필요해!"

완다가 고개를 끄덕였어요.

"너희들, 오다가 상어 봤어? 이빨을 으드득거리는 그 무시무시한 상어를 마주칠까 봐 여기서 나갈 수가 없어!"

완다의 말에 팀이 대답했어요.

"물고기 떼의 도움이 필요하겠구나. 너만의 물고기 떼, 바로 우리!"

## 9장
## '함께'라는 마법의 단어

"여기서 기다려. 우리가 상어의 시선을 다른 곳으로 돌려 볼게."

키샤가 완다에게 말했어요.

키샤는 물고기 잠수정을 몰고 상어 앞으로 지나갔어요. 그러자 상어는 몸을 돌려 키샤를 쫓아갔어요. 완다는 지금이 빠져나갈 기회라고 생각했지요.

'다른 방법이 없어.'

완다는 잽싸게 바위 밑에서 나와 헤엄치기 시작했어요! 하지만 상어는 너무 빨랐어요. 상어는 완다를 쫓았지요. 그러다가 아널드를 발견했어요.

"저리 가! 난 먹어 봤자 선크림 맛만 날 거야. 네 입맛에는 안 맞을 거라고!"

아널드가 소리쳤어요.

아널드는 조종간을 움직여 물고기 잠수정을 거꾸로 뒤집었어요. 그리고 나서 달려드는 상어 옆으로 쏙 빠져나갔어요.

상어는 주위를 둘러보다가 새로운 먹잇감을 발견했어요. 이번에는 도로시 앤이었지요!

"이런! 내가 조사한 바에 따르면…… 난 끝장이야!"

도로시 앤이 숨을 헉 삼켰어요.

그때 완다가 물고기 잠수정을 몰고 도로시 앤 쪽으

로 가며 소리쳤어요.

"어이, 상어! 여기야!"

상어는 멈칫하더니 도로시 앤을 버리고 완다를 쫓기 시작했어요. 그러더니 다시 방향을 바꿔 이번에는 카를로스를 쫓아갔어요.

"으으, 온종일 상어랑 술래잡기를 할 수는 없어!"

카를로스가 상어를 따돌리며 외쳤어요.

그때 프리즐 선생님이 아이들을 보며 소리쳤어요.

"여러분, 지금이야말로 호흡을 맞춰 함께 행동할 때예요!"

'함께라고? 바로 그거야!'

완다는 '함께'라는 마법의 단어를 듣자 활짝 웃었어요. 그리고 마이크에 대고 아이들에게 말했어요.

"애들아, 하나로 연결해 보자!"

"뭘 연결하자는 거야?"

랠프가 물었어요.

완다는 팔을 마구 흔들어 계기판의 버튼 하나를 가리켰어요.

"모두 깜빡거리는 파란색 버튼을 눌러 봐! 그럼 우리가 하나로 연결될 거야!"

완다는 파란색 버튼을 탁 눌렀어요. 그러자 수심 감지기가 작동하며 물고기 잠수정 양쪽 옆면 줄무늬에 불빛이 들어왔어요.

"알았어. 나도 해 볼게."

조티가 깜빡이는 파란색 버튼을 눌렀어요.

"주변 잠수정과 연결되었습니다."

조티의 물고기 잠수정에서 기계 목소리가 흘러나왔어요. 곧이어 조티의 잠수정 양쪽 옆면 줄무늬에 불빛이 켜지더니 완다의 잠수정과 하나로 연결되었어요.

다른 아이들도 모두 파란색 버튼을 눌렀어요.

"얘들아, 따라와!"

완다가 외쳤어요.

물고기 잠수정 떼는 물속을 가로지르며 함께 나아갔어요. 위로, 아래로, 좌우로 함께 움직이면서요.

"우아, 우리가 뇌를 함께 쓰는 엄청 큰 물고기가 된 것 같아!"

카를로스가 말했어요.

"뇌가 엄청 커야겠는걸? 안 그러면 정말 싫을 것 같아. 킥킥."

키샤가 웃음을 터뜨렸어요.

아이들은 상어보다 더 빠르고 날쌔게 움직였어요.

"우리 언니라면 이렇게 말했을 거예요. 와우우우!"

프리즐 선생님이 외쳤어요.

하지만 아직은 안전하지 않았어요. 상어는 영리한 동물이니까요. 상어를 잠시 속일 수는 있겠지만, 서둘러 그곳을 빠져나와야 했지요!

"상어한테 우리가 얼마나 무시무시한지 보여 주자!" 완다가 말했어요.

"거대한 검은 얼룩을 보고 놀랐던 거 기억해? 작은 물고기들이 모여서 엄청 큰 물고기처럼 보였잖아!"

"그럼, 기억하지!"

아이들이 한목소리로 답했어요.

"커다란 검은 얼룩을 만들 시간이야!"

완다가 외쳤어요.

아이들은 물고기 잠수정을 움직여서 커다란 얼룩 모양을 만들기 시작했어요. 함께 모이니 상어보다 훨씬 커 보였지요!

물고기 잠수정 떼는 상어를 향해 곧장 나아갔어요.

거대한 얼룩은 엄청나게 크고 강해 보여서 상어는 어쩔 줄 몰라 했어요!

상어가 몸을 돌려 달아나기 시작하자, 거대한 얼룩이 그 뒤를 바짝 따라갔어요.

"그냥 떠나게 놔둘 것 같아?"

카를로스가 말했어요.

이윽고 상어는 컴컴하고 깊은 바다 밑으로 사라졌어요.

"잘 가라!"

완다가 외쳤어요.

"애들아, 우리가 상어를 몰아냈어!"

키샤가 신이 나서 소리쳤어요.

"우리가 함께 해낸 거야!"

완다가 덧붙였어요.

물고기 잠수정 떼는 신기한 스쿨 잠수함으로 향했어요. 그러자 프리즐 선생님이 아이들을 불렀어요.

"여러분, 이제 현장 학습을 마칠 시간이에요. 버스야, 가자!"

# 10장
# 알로하, 반갑게 안녕!

아이들은 햇빛 쨍쨍한 하와이에 "알로하!"라고 작별 인사를 했어요. 그리고 다시 눈 덮인 워커빌 초등학교로 돌아와 "알로하!"라고 인사를 건넸어요. '알로하'는 하와이에서 떠날 때와 만날 때 하는 인사지요.

프리즐 선생님은 하와이 노래를 흥얼거리며, 교실에 하와이 풍경이 담긴 포스터를 붙였어요.

"프리즐 선생님, 그 노래는 무슨 뜻이에요?"

아널드가 물었어요.

"다시 한번 하와이로 휴가를 가자는 말 아닐까?"

랠프가 농담했어요.

"랠프, 오늘 현장 학습이 아주 즐거웠다고 하와이 말로 노래한 거란다."

프리즐 선생님이 설명해 주었어요.

"맞아요. 정말 대단한 모험이었어요."

팀이 맞장구쳤지요.

"물고기 떼처럼 날쌔게 움직이면서 상어를 몰아낼 때 특히 짜릿했어!"

카를로스가 말했어요.

"베카는 한 몸처럼 움직이며 서로 돕는 친구들이 있

었는데……. 내가 베카를 돕겠다고 갖은 고생을 했다는 게 믿기지가 않아."

완다가 말했어요.

"그래, 베카에겐 좋은 친구들이 많더라."

조티가 덧붙였어요.

완다는 친구들을 돌아보며 환하게 웃었어요.

"맞아. 그리고 나도 좋은 친구들이 많지!"

그때 아널드가 작게 한숨을 쉬었어요.

"그런데요, 프리즐 선생님. 하와이에서 이렇게 빨리 돌아온 이유가 뭐예요?"

"현장 학습은 3시 이전에 마치려고 노력한단다."

프리즐 선생님이 대답했어요.

"이번에는 오래오래 현장 학습을 하고 싶었어요. 처음으로요!"

아널드가 투덜거리자 아이들은 웃음을 터뜨렸어요.

그리고 나서 아이들은 창밖에 잔뜩 쌓여 있는 눈과 얼음을 바라보았어요.

완다가 두꺼운 스크랩북을 집어 들고 말했어요.

"이렇게 추운 날씨에 밖에 나가고 싶은 사람은 없겠

지만, 멸종 위기에 있는 알류샨 관중 이야기를 듣고 싶은 사람은 있겠지? 몇 시간이라도 해 줄 수……."

하지만 완다가 말을 채 끝내기도 전에 교실 문이 쾅 하고 닫혔어요. 아이들은 벌써 밖으로 나가고 없었어요. 아널드까지도요!

"완다, 친구들이 함께 노는 모습을 보렴. 뭔가 떠오

르는 거 없니?"

프리즐 선생님이 창밖을 보며 말했어요.

그러자 완다가 버튼을 누르는 시늉을 했어요.

"있어요. '하나로 연결되었습니다!'"

완다는 잠수정 기계 목소리를 흉내 내며 운동장으로 나갔어요.

프리즐 선생님 반 홈페이지

 http://FrizzleClass/Focuskeyword

## 신기한 과학 개념 사전

현장 학습의 핵심 용어부터 과학 교과서 속 지식까지!
한눈에 쏙쏙 들어오는 설명으로 과학 개념을 잡아요.

### 종

같은 생물의 무리를 **종**이라고 해요. '종'은 생물을 분류하는 기본 단위로, '종류'와 비슷한 말이라고 생각하면 쉬워요. 생물학적으로 서로 짝짓기하여 자손을 낳을 수 있는 집단을 같은 종이라고 봐요. 같은 종끼리는 겉모습이 닮았을 뿐 아니라, 먹는 것과 새끼를 낳아 키우는 방식 등이 비슷하답니다.

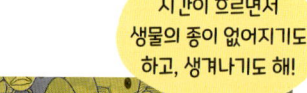

시간이 흐르면서 생물의 종이 없어지기도 하고, 생겨나기도 해!

### 생물 분류

지구상의 여러 생물을 특징에 따라 구분하여 무리 지어 나누는 것을 **생물 분류**라고 해요. 생물 분류 체계는 **종 → 속 → 과 → 목 → 강 → 문 → 계**의 단위로 이루어져요. '종'이 가장 작은 단계이고, 종이 여러 개 모인 것이 '속'이에요. 다시 속이 여러 개 모이면 '과'가 되지요. 이렇게 차례대로 나아가면 가장 큰 단계인 '계'가 된답니다. 예를 들어 상어 중에 가장 덩치가 큰 '고래상어'는 고래상어종 → 고래상엇속 → 고래상엇과 → 수염상어목 → 연골어강 → 척삭동물문 → 동물계에 속해요.

## 지느러미

**지느러미**는 물고기가 몸의 균형을 유지하거나 헤엄치는 데 쓰는 기관이에요. 물고기의 등, 배, 가슴, 꼬리 따위에 붙어 있지요. 몸이 흔들리지 않고 안정적으로 움직일 수 있도록 하는 **등지느러미**, 방향을 바꿀 때 쓰는 **가슴지느러미**, 세차게 앞으로 나아가도록 하는 **꼬리지느러미** 등이 있어요.

지느러미는 크기, 모양, 위치에 따라 역할이 달라!

## 천적

생태계 생물들은 서로 먹고 먹히는 관계에 있어요. **천적**이란 특정 생물을 죽이거나, 먹잇감으로 삼는 생물을 일컫는 말이에요. 예를 들어 개구리의 천적은 뱀이고, 뱀의 천적은 매예요. 동물은 대부분 천적이 있어요. 그래서 많은 동물들이 주위 환경과 비슷하게 몸 색깔 바꾸기, 몸집이 커 보이도록 힘껏 부풀리기, 독한 방귀를 뀌거나 죽은 척하기 등 천적을 피하기 위한 자기만의 전략을 가지고 있어요.

## 멸종

생물의 어느 한 종류가 완전히 사라지는 것을 **멸종**이라고 해요. 공룡, 도도새, 파란영양 등이 멸종 동물이지요. 아직 완전히 사라지지는 않았지만 멸종할 위험이 높은 동물들도 있어요. 시베리아호랑이, 동부고릴라, 바다거북 등이 바로 멸종 위기 동물이에요. 전 세계 동식물을 연구하고 보호하는 세계 자연 보호 연맹에서는 멸종 위험 정도에 따라 생물 종을 '야생 절멸', '위급', '위기', '취약' 등으로 등급을 나누어 관리하고 있어요.

프리즐 선생님 반 홈페이지 ✕

http://FrizzleClass/Bestfriends

## 호기심 해결! 질문 톡톡

더 알고 싶은 과학, 프리즐 선생님에게 물어보세요!
웃음이 빵빵 터지는 수다 속에 과학 지식이 담겨 있어요.

**Q** 실제로 물고기 몸통 옆에 있는 줄은 어떤 역할을 하나요? 10분전

 작성자 카를로스

 답변자 프리즐 선생님

물고기 몸통의 양옆에 난 줄을 **옆줄**, 혹은 **측선**이라고 해. 옆줄은 물의 흐름이나 압력, 진동을 느끼는 감각 기관이야. 사람으로 따지면 귀와 피부의 역할을 한다고 볼 수 있어. 물론 옆줄이 없는 물고기도 있단다.

 답변자 팀

그럼 물고기 잠수정 안에서 부풀어 오른 풍선 같은 것도 실제로 물고기 몸 안에 있는 거예요?

 답변자 프리즐 선생님

맞아. '부레'라고 하는 물고기의 공기주머니지. **부레**는 물고기가 물속에서 위아래로 움직일 때 쓰는 기관이야. 물고기는 숨 쉴 때 필요한 공기를 부레에 저장해. 물속에서 위로 올라갈 때는 부레에 공기를 채워 몸을 뜨게 하고, 아래로 내려갈 때는 공기를 빼내 가라앉게 하지. 또 부레는 물고기가 적당한 수심에 머무르게 하는 역할도 해. 하지만 모든 물고기에게 부레가 있는 건 아니란다.

## Q 물고기가 무리 지어 다니는 또 다른 이유는 없나요? 3분전

 작성자 조티

↳  답변자 프리즐 선생님

작은 물고기가 무리 지어 다니는 이유는, 비단 위협적인 바다 생물로부터 몸을 지키기 위해서만은 아니란다. 어떤 물고기는 거대한 그물처럼 물속에서 무리 지어 다니다가 먹잇감을 발견하면 포위망을 좁혀 사냥을 해. 또 물고기 무리에는 수컷과 암컷이 섞여 있잖니? 번식 상대를 찾는 수고를 덜 수도 있지.

↳  답변자 도로시 앤

혼자 헤엄치는 것보다 수많은 물고기들과 함께 떼 지어 헤엄치면, 힘은 덜 쓰고 더 쉽게 움직일 수 있지 않을까요?

↳  답변자 프리즐 선생님

맞아, 도로시 앤! 앞서가는 물고기에 몸을 맡기면 작은 힘으로도 앞으로 나아갈 수 있어. 친구들의 힘을 빌리는 거지.

↳  답변자 랠프

흠, 이제 체육 시간에 달리기할 때 친구들한테 기대서 가야겠어요!

↳  답변자 아널드

우린 물고기가 아니라고!

전 세계 1억, 국내 1천만의 신화, 어린이 과학책의 베스트셀러

# 신기한 스쿨버스™ 시리즈

**5세 이상**

### 신기한 스쿨버스™ 키즈 (전 30권)
조애너 콜 글 · 브루스 디건 그림 | 이강환, 이현주 옮김
우리 아이의 첫 과학 그림책. 아이가 좋아하는 내용으로 **과학 호기심이 쑥쑥**.

**6세 이상**

### 과학탐험대 신기한 스쿨버스™ (전 13권)
조애너 콜 외 글 · 브루스 디건 외 그림 | 이한음, 이강환, 김현명 옮김
혼자 읽기 좋은 과학 동화. 읽기 적당한 분량으로 **과학과 책 읽기에 자신감이 쑥쑥**.

**8세 이상**

### 신기한 스쿨버스™ (전 13권)
조애너 콜 글 · 브루스 디건 그림 | 이강환, 이연수, 이한음 옮김
전 세계에서 사랑받는 과학책의 베스트셀러. 더 많은 정보로 **과학 이해력이 쑥쑥**.

**9세 이상**

### 신기한 스쿨버스™ 어드벤처 (전 5권) NEW
앤마리 앤더슨 외 글 · 아트풀 두들러스 그림 | 이한음 옮김
읽기 능력이 자라나는 과학 스토리북. 흥미진진한 모험으로 **과학 문해력이 쑥쑥**.